Klopfe dich frei –
du bist dabei....

Neue MET-Geschichten

mit

Rabe Ratzka dem Weisen

BAND 2

Meridian Energie Technik

*für **Kids im Teenie-Alter***

einfach erklärt

überarbeitete Neuauflage

von Sabine Krusel

Inhaltsverzeichnis

Geschichte 1:

Der zerstörte Schneidezahn – Kai´s Besuch beim Zahnarzt

Geschichte 2:

Maja und die Mädchengang

Das MET Würfelspiel für Kids

Geschichte 1:

Der zerstörte Schneidezahn –

Kai´s Besuch beim Zahnarzt

Der zerstörte Schneidezahn –

Kai´s Besuch beim Zahnarzt

Die Geburtstagsüberraschung….

„Hey, du musst nun die Geburtstagskerzen auspusten, sonst sind sie gleich runter gebrannt", rief Maximilian seinem besten Freund Paul zu.

Wir waren alle bei Paul eingeladen, denn er feierte heute seinen 11ten Geburtstag.

Wir hatten bereits kräftig im Garten gefeiert und alle möglichen Fang- und Ballspiele gespielt. Ja, es ging hoch her auf dieser Party. Nun hatten wir alle Appetit auf Kuchen.

Nachdem Paul die Kerzen ausgepustet hatte, bekam jeder ein großes Stück Torte, welche mit dicken Schokonüssen belegt war.

Mmmmmh lecker war das – einfach köstlich.

„Auuuu", ein lauter Schrei ertönt plötzlich. Als ich mich umsah, bemerkte ich, dass Kai Tränen in den Augen standen und er seine Hand vor dem Mund hielt.

Was war passiert?

Kai hatte wohl auf eine Nuss gebissen und das hatte sein Schneidezahn nicht ausgehalten.

Ein großes Stück Zahn war herausgebrochen und Kai schien es auch ordentlich weh zu tun. Der Schreck stand ihm noch ins Gesicht geschrieben.

Frau Mast, Pauls Mutter, kam mit einem nassen Lappen angelaufen, den Kai sich erst einmal auf den Mund halten sollte.

Tja und morgen musste er dann wohl zum Zahnarzt.

Am nächsten Tag…

Einen Tag später traf ich Kai in der Schule.

„Na, wie geht's Kai? Tut es noch weh?" fragte ich.

„Geht so, ist aber ein voll blödes Gefühl und sieht auch doof aus, schau mal."

Und er zeigte mir seinen nur noch halben Schneidezahn.

„Heute Mittag habe ich einen Termin beim Zahnarzt – der wird das hoffentlich reparieren."

„Und hast du Angst?" – fragte ich Kai.

„Weiß nicht, ich war bisher noch nie beim Zahnarzt."

„Na dann", entgegnete ich und wir gingen in die Klasse.

Am Nachmittag sollte ich für meine Mutter noch ein paar Einkäufe erledigen und ich war grade auf dem Weg zum Bäcker, als mich jemand umrannte.

Als ich mich wieder aufgerappelt hatte, erkannte ich, dass es Kai war, der ohne zu schauen auf mich losgestürmt war.

Ihm standen dicke Tränen in den Augen.

„Kai was ist los, was ist passiert?" Ich packte ihn am Arm und es war ihm sichtlich unangenehm.

„Nun sag schon, was ist los?"

„Ich, ich…..ich war beim Zahnarzt, bei Dr. Bammel…..und… und….ich musste meinen Mund aufmachen…..und…und dann hat er den Bohrer angemacht…… "

Kai zitterte am ganzen Körper…." Und da habe ich Panik bekommen und bin einfach weggerannt."

Ich tat das Einzige was mir in diesem Moment einfiel, ich klopfte bei Kai den Schlüsselbeinpunkt.

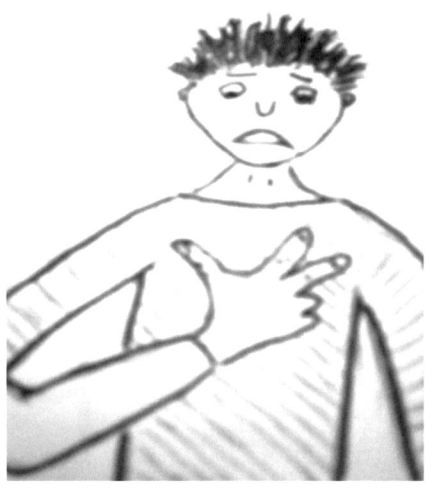

Zunächst war Kai viel zu verwirrt, um dies zu bemerken, aber nachdem er sich etwas beruhigt hatte, sagte er: „Was machst du da?"

„Das, lieber Kai, ist eine lange Geschichte, wenn du magst lade ich dich zu einem Eis ein, und ich erzähle sie dir."

So gingen wir beide in die Eisdiele und bestellten uns auf diesen Schrecken erst mal ein dickes Eis.

Dabei erzählte ich Kai, warum ich leicht etwas unterhalb seines Schlüsselbeins geklopft hatte und wie ich dazugekommen bin.

Ich erzähle ihm, wie einsam ich mich in Sorghausen gefühlt hatte, als meine Mutter und ich vor gut zwei Jahren hier her gezogen sind, nachdem sich meine Eltern getrennt hatten.

Wie ich total traurig und enttäuscht einfach abgehauen und in den Wald hineingelaufen bin und mir dort Rabe Ratzka der Weise begegnet ist.

„Wie", fragte Kai, „du glaubst noch an sprechende Raben?"

„Nein, nein, Kai, keine Angst ich bin nicht mehr so naiv – obwohl, damals habe ich dies geglaubt und es hat mir echt weitergeholfen.

Aber heute weiß ich, dass Rabe Ratzka eine Handpuppe ist und nur sprechen konnte, weil Marek für sie gesprochen hat.

Marek gehört zu einer Gruppe Puppenspielern und er war damals zufällig im Wald, als ich so verzweifelt war.

Er hat über Rabe Ratzka dem Weisen zu mir gesprochen und mir die Klopftechnik MET beigebracht.

Inzwischen bin ich mit Marek befreundet und wir schreiben uns immer per E-Mail. Wenn er in der Gegend ist, kommt er mich besuchen.

Aber nun nochmals zu MET.

MET heißt eigentlich Meridian Energie Technik und ist eine sogenannte Klopfakupressur.

Man beklopft die Anfangs- oder Endpunkte der Meridiane – die Bahnen, die unseren Körper durchziehen.

Hast´e sicher schon mal beim Arzt gesehen, so eine Figur, die einen Menschen zeigt und auf der ganz viele Linien und Punkte zu sehen sind.

MET ist nämlich sozusagen ein Vorläufer der Akupunktur – Akupunktur kennst du doch, oder?“

„Na klar, Dr. Lehmann hat auch so eine Figur in seiner Praxis stehen.“

„Ach ja, ich weiß.

Diese Linien nennt man Meridiane und das sind unsere Energiebahnen.

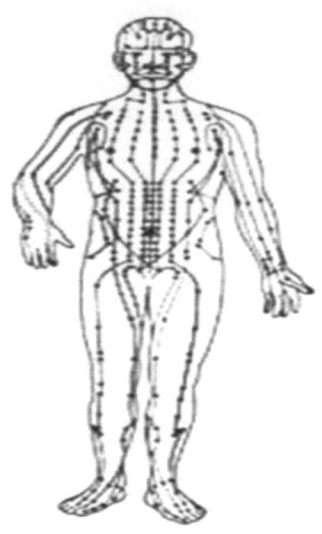

MET kommt auch ursprünglich aus der chinesischen Medizin und der Verknüpfung mit der energetischen Psychologie....“

„Psychologie – ich bin doch nicht verrückt!“ – sagte Kai.

„Nein, damit hat es auch nicht´s zu tun.

Doch wenn wir Angst oder gar Panik haben, so hilft uns diese Technik, dass die Angst und Panik verschwindet.“

„Hm, irgendwie hat es grade eben ja auch bei mir geholfen!“

„Ja, weißt du was Kai, wir können uns ja für morgen Nachmittag verabreden, dann kommst du zu mir, und ich zeige dir, wie die Technik funktioniert, damit du sie vor deinem nächsten Zahnarztbesuch anwenden kannst. Wir schauen mal im Internet nach, was da noch alles so steht."

„Ok, aber sag bitte nicht den anderen, dass ich geheult habe - das ist mir echt peinlich."

„Alles klar, ist doch Ehrensache, aber „peinlich" kann man auch klopfen, zeige ich dir morgen."

„Ok tschüss, dann bis morgen."

Treffen bei Michael....

Am nächsten Tag nach der Schule trafen sich die Beiden bei Michael.

Kai war echt froh, dass Michaels Mutter noch arbeiten war, denn die Sache mit dem Zahnarzt war ihm immer noch äußerst peinlich.

Er, ein Junge von fast 11 Jahren, war vor dem Zahnarzt weggerannt und hatte geheult – unfassbar.

Michael hatte bereits den Computer angeschaltet und fing direkt an, eine Webadresse einzugeben:

www.klopfedichfrei-dubistdabei.de

war da zu lesen.

Michael meinte: „Weißt du was Kai, ich glaube ich erzähle dir erst einmal, wie ich so zum Klopfen gekommen bin".

Und er erzählte Kai, wie traurig er vor drei Jahren war, weil seine Eltern sich getrennt hatten und der Max ihn hier so geärgert hatte. Da seine Mutter einen neuen Job und somit sehr wenig Zeit für ihn hatte, war er aus lauter Frust in den Wald gelaufen.

„Weißt du, ich habe mich dann vor lauter Frust natürlich auch direkt hier verlaufen, weil ich mich ja nicht so gut hier auskannte.

Plötzlich hat da eine krächzende Stimme zu mir gesprochen – das war dann Rabe Ratzka der Weise und hat mir gezeigt, wie ich meinen Frust und meine Enttäuschung wegklopfen kann.

Heute weiß ich natürlich, dass das damals kein echter Rabe war – ich bin ja nun schon größer – aber damals habe ich geglaubt, den Raben gibt es wirklich. Marek hatte für den Raben gesprochen, ihn habe ich aber erst viel später kennen gelernt. Er ist Puppenspieler und hatte die Figur von Rabe Ratzka dem Weisen mit dabei."

„Also, das Klopfen ist eine ganz alte Technik. Ein Teil der Technik kommt aus China und ein Teil der Technik kommt aus Amerika.

Man klopft ganz leicht mit den Fingerspitzen die sogenannten

Meridianpunkte und sagt dabei was man fühlt – z.B. „meine Traurigkeit".

Durch das gleichzeitige Klopfen und benennen des Gefühls löst sich das Gefühl auf und du weißt gar nicht mehr, wo es geblieben ist".

„Aha," meinte Kai, „und was soll ich dann klopfen wegen des Zahnarztes?"

„Wie fühlt es sich denn an, wenn du daran denkst?"

„Total doof und mir ist mein Heulen immer noch peinlich."

Dann klopf einfach den Satz >es ist mit so peinlich<.

Aber halt, schau mal hier auf der Seite für Kids und Teens und gehe dann auf -Das MET Würfelspiel- und scrolle mal runter.

Da siehst du dann die Frau mit den Klopfpunkten."

„Wenn du jetzt sagen solltest auf einer Scala von 1-10 wie peinlich es dir ist, was würdest du sagen?

Übrigens ist 10 dabei 100 %.“

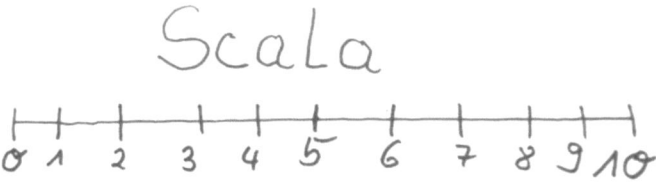

0 = kein Gefühl = stimmt nicht
5 = Gefühl stimmt zur Hälfte 50 %
10 = Gefühl ist ganz stark 100 %

„Oh ja, 8 mindestens würde ich sagen", sagte Kai.

Michael sagte:"Klopfe nun den Punkt Nummer 6 auf beiden Seiten und wiederhole immer wieder:

>es ist mir so peinlich<…“

Kai fing sofort an. Es war eigenartig, aber bereits nach kurzer Zeit fühlte es sich schon nicht mehr ganz so schlimm an.

Michael forderte ihn auf, mal die Punkte 1 bis 6 mit diesem Satz durchzuklopfen.

Als er nun am sechsten Punkt angelangt war, war dieses Gefühl von peinlich verschwunden.

Michael erklärte:„Weißt du Kai, früher hat man wohl all die ganzen Punkte, die du da auf dem Bild siehst durchgeklopft, aber heute klopft man etwas moderner, das bedeutet, wir fangen immer mit dem Punkt Nummer 6 an und klopfen zwischendurch die Punkte von 1 bis 6 herunter.

Gelegentlich – je nachdem wie es sich für denjenigen anfühlt, der klopft, klopfen wir alle Punkte einmal durch.

Wenn ein Gefühl schon vorher weg geht, dann braucht man nicht mehr weiter zu klopfen – weg ist eben weg.“

„Ok, peinlich ist es mir nun nicht mehr", meinte Kai, „ aber die Angst vor dem nächsten Zahnarztbesuch ist riesengroß – bestimmt auf 10."

„Dann klopfe nun >meine Angst vorm Zahnarzt< – oder vielleicht >meine Angst vor dem nächsten Zahnarztbesuch<", sagte Michael.

 Kai fing an, die >Angst vorm Zahnarzt< zu beklopfen, aber schon nach kurzer Zeit hatte sich sein Satz verändert in die >Angst vor dem Bohrer<.

Er klopfte nun den Satz „meine Angst vor dem Bohrer". Da seine Angst aber so riesengroß war, war immer noch Angst vor dem Bohrer vorhanden, selbst als alle Punkte herunter geklopft waren.

Michael meinte: „So, nun arbeiten wir mal mit einem ganz besonderen Punkt – mit der Handrückenserie Punkt Nummer 15. Klopfe mal diesen Punkt. Du brauchst hierbei nun nicht mehr deinen Klopfsatz zu sagen, sondern du machst dabei genau das was ich dir sagen.

Augen gradeaus

Ohne den Kopf zu bewegen schräg rechts nach untern schauen

Ohne den Kopf zu bewegen schräg links nach unten schauen

Augen gradeaus

Augen 2 x rechtsherum drehen und jede Ecke mitnehmen

Augen 2 x linksherum drehen und jede Ecke mitnehmen

Jetzt irgendetwas summen

Nun zähle rückwärts von 7 bis 1

Jetzt irgendetwas summen

Atme nun zweimal tief ein und aus........ja und wie ist es jetzt?"

Kai überlegte einen Moment und sagte: „Die Angst vorm Bohrer ist nun komplett verschwunden....aber da ist noch irgendetwas...."

Michael meinte: „Klopfe nun wieder den Punkt Nummer 6 und spüre mal in dich rein, wie es sich anfühlt..."

„Ich weiß", rief Kai, „es ist die Angst vor den Schmerzen!"

„Ok, dann klopfe nun die Angst vor den Schmerzen in den Punkt Nummer 6!" meinte Michael....

."Meine Angst vor den Schmerzen, meine Angst vor den Schmerzen......".

„ Nein Michael, es ist das Gefühl komplett ausgeliefert und hilflos zu sein."

„Welches Gefühl ist denn stärker..... das Gefühl ausgeliefert zu sein oder die Hilflosigkeit?" fragte Michael.

Kai überlegte einen Moment und meinte dann, „ich fühle mich dann so hilflos…"

„Dann klopfe das nun." – meinte Michael.

Kai klopfte nun seine Hilflosigkeit.

Nachdem er das Gefühl der Hilflosigkeit in die ersten 6 Punkte geklopft hatte, war die Hilflosigkeit verschwunden.

Michael meinte:„Was ist denn nun mit dem Gefühl ausgeliefert zu sein?

Spürst du da noch was? – Oder ist da vielleicht noch ein anderes Gefühl?"

„Hm, das Gefühl ausgeliefert zu sein, spüre ich jetzt nicht mehr, aber noch ein Gefühl der Unsicherheit."

„Na, dann klopft das nochmal!"

„Ok, mein Gefühl der Unsicherheit…..mein Gefühl der Unsicherheit….mein Gefühl der Unsicherheit…"……

"Das Gefühl ist nun weg….und komisch, ich fühle mich irgendwie leichter!"

Michael meinte: „Ja, das kenne ich, als ich damals angefangen habe zu klopfen, war das bei mir ganz genauso.

Ich hatte, wenn ich ein Thema runter geklopft hatte auch immer so ein Gefühl der Erleichterung, so eine ganz besondere Form der Leichtigkeit."

„Aber lass uns nochmal schauen, wie es sich für dich anfühlt, wenn du nun daran denkst, dass du morgen nochmal zum Zahnarzt gehst?"

Kai überlegte einen Moment und sagte dann: „Mulmig ist es mir bei dem Gedanken schon noch…"

„Ok, dann klopf das!" „ Mein mulmiges Gefühl, wenn ich an meinen Zahnarztbesuch denke…… mein mulmiges Gefühl, wenn ich an meinen Zahnarztbesuch denke…. mein mulmiges Gefühl, wenn ich an meinen Zahnarztbesuch denke…."

„ Du das Gefühl ist jetzt weg, aber mir ist grade eingefallen, dass der Zahnarzt mir eine Spritze geben könnte……

……. und da bekomme ich richtig Angst. Ich klopf das mal, ja!"

Meine Angst vor der Spritze, meine Angst vor der Spritze….meine Angst vor der Spritze….."

Aber selbst als Kai alle 6 Punkt herunter geklopft hatte, war das Gefühl immer noch nicht ganz verschwunden.

Michael meinte: "Lass uns noch mal den Punkt Nr.15 klopfen, den sogenannten „Dreifachen Erwärmer".

„Augen gradeaus

Ohne den Kopf zu bewegen schräg rechts nach untern schauen

Ohne den Kopf zu bewegen schräg links nach unten schauen

Augen gradeaus

Augen 2 x rechtsherum drehen und jede Ecke mitnehmen

Augen 2 x linksherum drehen und jede Ecke mitnehmen

Jetzt irgendetwas summen

Wieviel ist 3 x 7?

Jetzt irgendetwas summen

Atme nun zweimal tief ein und aus……..ja und wie ist es jetzt?"

„Das Gefühl ist weg….. der ganze Zahnarztbesuch ist mir nun echt egal….ich hab echt keine Angst mehr – Klasse!" – „Aber sag mal, warum hast du mir denn die Rechenaufgabe gestellt?"

„Also, das ist so, wenn wir den Punkt 15 beklopfen – also den Dreifachen Erwärmer, dann verbinden wir unsere Gehirnhälften miteinander, habe ich gelesen.

Der Mensch hat wohl eine rechte Gehirnhälfte, die er z.B. zum Rechnen, Schreiben oder zum Überlegen von Aufsätzen oder so braucht und eine linke Gehirnhälfte, die aktiv ist, wenn er etwas fühlt, Musik macht usw.

Wenn man nun die Gehirnhälften miteinander verbindet, indem man einmal etwas summt und dann zählt oder rechnet, so lösen sich die belastenden Gefühle schnell auf."

„Na ich bin nun echt gespannt, ob die Angst und so auch wegbleibt, wenn ich morgen zum Zahnarzt gehe.

Erst mal Danke für Deine Hilfe, du bist ein echter Freund!"

Ein Telefongespräch.....

Am nächsten Tag, nachmittags so gegen 17 Uhr, klingelte bei Michael das Telefon.

Als er abhob, meldete sich ein total aufgeregter Kai. Seine Stimme überschlug sich fast, so aufgeregt war er:

„ Echt super, Klasse ich habe den Zahnarztbesuch hinter mich gebracht und es war gar nicht schlimm…!"

Michael meinte: „Erzähl doch mal von vorne!"

„Also," meinte Kai, „ ich bin da hingegangen und musste noch etwas im Wartezimmer warten – das war überhaupt nicht schlimm.

Ich habe mir die Wartezeit sogar mit einem Comic Heft vertrieben.

Dann wurde ich aufgerufen. Du, ich war echt cool!!!!!!

Ich bin ganz lässig zum Zahnarztstuhl gegangen und es kam überhaupt keine Angst auf.

Der Zahnarzt hat mir in den Mund geschaut und gemeint, er müsse da etwas bohren und es könne ein wenig weh tun.

Da ist mir ganz kurz etwas komisch geworden, und ich habe sofort geklopft. Ging aber alles sofort wieder vorbei.

Der Zahnarzt hat mir dann auch vorsichtshalber eine Spritze gegeben, und auch das hat mir nichts ausgemacht.

Nachdem die Betäubung dann gewirkt hat, hat er gebohrt und so eine Art Plombe angebracht. Tat überhaupt nicht weh – ich bin dir so dankbar Michael, ohne dich hätte ich das nicht geschafft!"

„Schon ok," murmelte Michael, dem es sichtlich peinlich war, so gelobt zu werden.

„Hey, das braucht dir nicht peinlich zu sein und außerdem kannst du das klopfen, habe ich von dir gelernt!"

Und die beiden lachten aus vollem Hals.

„Weißt du was Michael, Dr. Bammel war ganz erstaunt, als ich heute so lässig und cool in seiner Praxis war. Er hat mich gefragt, was denn seit vorgestern passiert ist, weil ich heute so anders reagiert habe.

 Ich habe ihm dann alles erzählt und er hat gemeint, die Seite im Internet werde er sich auch durchlesen, denn es gäbe ganz viele Menschen, die Angst vorm Zahnarzt hätten.

Wenn das bei mir so gut geholfen hätte, dann könnte den anderen Menschen ja auch geholfen werden.

So, nun muss ich Schluss machen, denn ich habe gleich noch Take Wan Do Training! Bis morgen dann!"

Zehn Tage später…..

Etwa zehn Tage später kam Kai morgens ganz aufgeregt in die Schule.

Schon von weitem rief er aufgeregt „Michael, Michael, ich muss dir was Wichtiges erzählen!"

„Stell dir vor, gestern hat mich Dr. Bammel angerufen. Er hat mich gefragt, ob wir in drei Wochen am Mittwochnachmittag, wenn eigentlich die Praxis zu ist, über unser Erlebnis berichten würden!"

„Wir beide, echt?" fragte Michael

„Das ist ja klasse – ja, ich bin mit dabei".

„Du da müssen wir aber noch absprechen, wie wir das machen. Was hälst du davon, wenn wir das in Form eines Referates vortragen? Wir könnten dann mit den Leuten auch etwas klopfen, so dass sie es ausprobieren können."

Die Beiden waren so in Ihren Planungen vertieft, dass sie gar nicht merkten, wie Lehrer Mander ins Klassenzimmer gekommen war.

Sie erschraken sich direkt ein bisschen, als Lehrer Mander meinte:" So so, ihr Beide habt also bald bei Dr. Bammel einen großen Vortrag.

Wisst ihr was, kommt doch gleich mal nach der Stunde zu mir, und dann erzählt ihr mir, was es damit auf sich hat.

Vielleicht wäre das ja auch ein schönes Referatthema für die Sachstunde."

So kam es, dass die Beiden neben dem Vortag für Dr. Bammel direkt etwas für Ihre Sachkunde-Zensur tun konnten.

Drei Wochen später…..

Drei Wochen später, am Mittwochnachmittag, fand nun der geplante Vortrag bei Dr. Bammel statt.

Michael und Kai waren bereits sehr aufgeregt, als sich der Raum von Dr. Bammel mit immer mehr Menschen füllte.

„Weißt du was, Michael", sagte Kai, „lass und noch eben unsere Aufregung klopfen, damit gleich auch alles funktioniert und wir uns nicht verhaspeln vor lauter Nervosität."

Beide klopften nun

>die Nervosität< , > die Angst, dass es nicht klappt<, >die Unsicherheit<.

Dann hatten alle Besucher Platz genommen und Dr. Bammel

sprach ein paar Sätze zur Begrüßung.

„Ich freue mich, meine Damen und Herren, dass Sie heute den Weg hierher gefunden haben. Mein eigenes Erstaunen und meine eigene Überraschung hat dazu geführt, Ihnen heute diese beiden jungen Leute vorzustellen, mit einer fast unglaublichen Geschichte. Kai, magst du mal erzählen?"

Kai erzählte nun, wie es sich zugetragen hatte, mit seinem gebrochenen Zahn.

Da er sein Schamgefühl ja beklopft hatte, war es für ihn auch überhaupt kein Problem mehr, den Besuchern zu erzählen, wie er aus der Zahnarztpraxis gerannt war und Michael fast umgerannt hatte.

Dann erzählte Michael, wie er damals dieser Technik begegnet war.

„Wissen Sie, die Technik MET kommt aus der energetischen Psychologie. Ein Mann namens Dr. Roger Callahan entdeckte vor ca. 30 Jahren mehr oder weniger zufällig Teile dieser Technik wieder.

Als er seiner an Wasserphobie leidenden Klientin Mary sagte, sie solle mal den Magenmeridian unter dem Auge beklopfen, weil es ihr immer so schlecht wäre, wenn sie an Wasser denken würde. Bei Mary zeigte sich eine verblüffende Wirkung, denn die Übelkeit verschwand und sie konnte sich sogar Wasser ins Gesicht spritzen.

Dr. Callahan forschte bzgl. dieser Technik weiter, da ihm bekannt war, dass die alten Chinesen bereits die Meridiane beklopft hatten und brachte sie mit den Techniken der neuen

Psychologie zusammen.

Weitere Schüler von ihm entwickelten dann die Technik, welche wir Ihnen heute hier vorstellen."

Kai holte das Bild mit den Klopfpunkten hervor.

„Hier sehen Sie die Klopfpunkte, welche heute beim modernen Klopfen noch geklopft werden. Eigentlich gibt es 14 Meridiane und somit auch Meridianpunkte.

Die ersten 6 Punkte reichen aber mittlerweile aus, um ein

Thema zu beklopfen.

Der wichtigste Punkt ist der Punkt Nr. 6 der Nierenmeridian.

In der Mitte sehen Sie noch einen Punkt, welche mit TD für Thymusdrüse bezeichnet wird.

Das Wort Thymus kommt aus dem griechischen Sprachraum und bedeutet <Lebensenergie>.

Wenn wir diesen Punkt beklopfen, dann tun wir ganz viel dafür, gesund zu werden oder gesund zu bleiben, denn hier werden Stoffe ausgeschüttet, die den Körper stärken und kräftigen."

Michael wandte sich nun an die Gruppe und meinte: „Wir können da mal alle zusammen ein Übung machen.

Klopfen Sie einmal den Punkt TD ganz leicht mit den Fingerspitzen.

 In diesen Punkt darf nur positives eingeklopft werden, da dies ja der Punkt für die Lebensenergie ist.

Erwachsene klopfen oft den nachfolgenden Satz in diesen Punkt:

Ich liebe und glaube, vertraue, bin dankbar und mutig.

Probieren Sie dies einmal aus."

Die Besucher klopfen nun alle die Thymusdrüse.

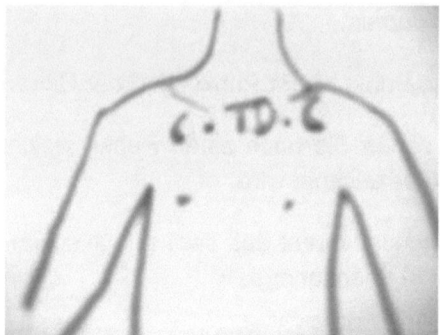

„Man kann aber auch einen anderen Satz in die Thymusdrüse klopfen, so lang er positiv ist.

Wir Kinder haben es auch schon mit Sätzen wie – ich bin z.B. Michael und ich bin ein toller Typ, oder so ausprobiert".

Nachdem die beiden nun feststellten, dass die meisten Vortragsbesucher ebenfalls Angst vorm Zahnarzt hatten, suchten Michael und Kai gemeinsam mit den anwesenden Besuchern nach Sätzen, die sie alle zusammen einer nach dem Anderen beklopfte.

- Meine Angst vor Zahnarzt
- Meine Angst, dass es weh tun könnte
- Meine Angst vor Schmerzen
- Meine Angst vorm Bohrer
- Meine Angst vor der Spritze
- Mein Gefühl, hilflos ausgeliefert zu sein
- Meine Panik, weil ich nicht genau weiß, was passiert
- Meine Angst vor den Geräuschen
- Meine Angst vor den vielen Geräten
- Meine Angst in den Zahnarztraum reinzugehen
- Meine Angst, weil ich dann nichts sagen kann
- Mein Glaube, dass es beim Zahnarzt immer weh tut
- Meine Verzweiflung, dass ich zum Zahnarzt muss

- Mein Glaube, dass ich es niemals schaffe, ohne Angst zum Zahnarzt zu gehen
- ....

Nachdem alle Sätze aufgeschrieben sind, erklären Kai und Michael noch, dass man sich fragen soll, wie stimmig ein Satz ist mit der sogenannten 10er Skala. 0 heißt – stimmt gar nicht und 10 heißt stimmt zu 100 %.

Danach finden sich alle Besucher zu Zweiergruppen zusammen und klopfen nacheinander die Sätze, welche für sie stimmig sind.

Das Ganze geht mit viel Hallo und Freude und fast alle Besucher sind sehr überrascht, wie schnell sich die Emotionen auflösen.

Nachdem alle Besucher sich verabschiedet haben, meint Dr. Bammel:" Das habt ich hervorragend gemacht – ich bin stolz darauf, dass ich so mutige Patienten habe:"

Fünf Tage später in der Schule......

Fünf Tage später halten Michael und Kai dann das Referat in ihrer Klasse.

„Wir haben uns natürlich Gedanken darum gemacht, dass ihr nicht unbedingt alle Angst vorm Zahnarzt habt, meinte Michael", aber wir können ja hier einige Sätze an die Tafel schreiben, die euch interessieren und die ihr gerne ändern wollt."

Und Kai fing sofort an, die Sätze aufzuschreiben:

- Meine Angst, vor der nächsten Mathematikarbeit
- Mein Gefühl, dass ich die Textaufgaben nie verstehe…
- Meine Wut auf meine Eltern, weil die mich immer mit der Schule so unter Druck setzen
- Mein Glaube, dass Schule überflüssig ist….
- Mein Glaube, dass ich ein Loser bin

- Mein Angst schon wieder eine schlechte Zensur zu bekommen
- Meine Verzweiflung, wenn ich mit einer schlechten Note nach Hause muss
- Mein genervt sein, weil ich immer noch in die Nachhilfe muss
- Meine Angst, dass der Deutschlehrer mich wieder vor allen blamiert, wenn ich eine schlechte Diktatnote bekomme
- Meine Angst, nicht versetzt zu werden….
- Mein Glaube, dass ich mir Erdkunde niemals merken kann…
- …..

Genau wie bei Dr. Bammel suchte sich wieder jeder Mitschüler einen Partner und sie klopften munter drauflos.

Auch hier war das Erstaunen groß, wie schnell sich die Emotionen und Glaubenssätze veränderten.

Lehrer Mander meinte:" Morgen steht ja eure nächste Mathematikarbeit an – wie schaut es auch, wollt ihr nicht dafür mal alle gemeinsam klopfen?"

Der Vorschlag wurde mit Begeisterung aufgenommen.

Alle klopften die Sätze:

- Meine Angst, dass ich Flüchtigkeitsfehler mache
- Meine Angst, dass ich die Aufgaben nicht lösen kann
- Mein Glaube, dass ich in Mathe einfach zu schlecht bin
- Meine Unsicherheit bei den Textaufgaben…..
- Meine Angst, wieder eine schlechte Zensur zu bekommen
- Meine Nervosität, wenn ich eine Arbeit schreiben muss
- ….

Nachdem viele Sätze bereits beklopft waren, meinte Kai:
„Es gibt da noch einen tollen Satz den wir klopfen sollten.

Jeder soll sich einmal überlegen, in welchem Fach er gut ist.
Dann würde der Satz so lauten:

>Obwohl ich ein Problem mit der Mathematikarbeit habe, liebe
und akzeptiere ich mich so wie ich bin und wähle ab sofort, in
Mathe genauso gut zu sein, wie in Geschichte<

– das wäre zumindest bei mir der Fall!" Kai grinste breit.

„Hierbei reiben wir den ganzen Satz im Urzeigersinn in den
HP - Heilenden Punkt.

Anschließend wird der Wahlsatz in jeden Punkt geklopft, also

>Ich wähle ab sofort in Mathe genauso gut zu sein, wie in
Geschichte<."

Nachdem nun auch der Wahlsatz von allen geklopft wurde,
war die Stunde beendet.

Das Ergebnis der Mathematikarbeit……

Als Lehrer Mander 4 Tage später mit den Mathematikarbeiten in die Klasse kam, warteten schon alle ganz gespannt auf die Ergebnisse.

„Tja," sagte Lehrer Mander, „ ihr seid sicherlich gespannt wie die Mathematikarbeiten nach unserem Experiment mit MET ausgefallen sind.

 Also, ihr habt nicht alle eine eins geschrieben, aber es gibt auch kein mangelhaft und ungenügend.

Es ist niemand in dieser Klasse, der sich nicht wirklich verbessert hätte.

Alle haben mindestens eine Note besser abgeschnitten – so wie ich es hier sehe."

Alle brachen in Jubel aus und die Erleichterung war den Gesichtern anzusehen.

„Ja, und ich habe beschlossen," sagte Lehrer Mander, „wenn ihr einverstanden seid, das Klopfen nun als festen Bestandteil mit in den Unterricht aufzunehmen."

Lauter Beifall schallte ihm entgegen.

Alle waren sehr dankbar dafür, dass Kai vor lauter Panik aus der Zahnarztpraxis bei Dr. Bammel geflüchtet war, denn ohne diese Ereignis, hätten die Dinge nicht diesen Verlauf genommen.

Die Mathematikarbeit wäre sicherlich nicht so gut ausgefallen.

Geschichte 2:

Maja
und die
Mädchengang

Maja und die Mädchengang

Start in eine neue Woche

Maja war schon mit einem ganz mulmigen Gefühl aufgestanden. Es ging ihr überhaupt nicht gut. Der Magen drehte sich ihr um, wenn sie an die Schule dachte.

„Maja, komm endlich, es wird Zeit zu frühstücken, sonst kommst du zu spät in die Schule!", rief Mutter.

Langsam mit schleppenden Schritten ging Maja die Treppe herunter.

„Da bist du ja endlich", rief Mutter, „nun mach aber und beeile dich!"

Maja ging zum Frühstückstisch, ohne auch nur einen Ton zu sagen. Lustlos stocherte sie in ihrem Müsli herum.

„Was ist los Maja?" fragte Mutter „ Schreibst du heute etwa eine Arbeit für die du nicht richtig gelernt hast, oder warum stocherst du so im Müsli herum?"

Maja überlegte einen Moment .Ja, Mutter jetzt die Wahrheit zu sagen, wäre echt toll, aber – nein, das geht ja nicht, damit würde sie die Existenz ihrer Mutter in Gefahr bringen.

So murmelte sie nur ein zustimmendes „ ja genauso ist es,…" um dann schleunigst die restlichen Sachen in die Tasche zu packen, noch etwas zu trinken und sich mit den Worten „ Ich geh schon keine Sorge!" auf den Weg zu machen.

Maja rannte den Weg hinunter zur Schule, als sie plötzlich abrupt stehen blieb.

So ein Mist, sie hatte das neue I-Pod zu Hause vergessen.

Was sollte Sie nun tun?

Wenn Katja und ihre Clique sie nun erwischen würden...oh nein....Maja zitterte nun vor Angst.

Hatte Katja ihr nicht noch Freitag gedroht – wenn du am

Montag ohne das I-Pod kommst, dann kannst du dich auf was gefasst machen, dann machen wir dich fertig! -

Zurücklaufen und das I-Pod holen – dazu war es nun zu spät. Sie würde nicht rechtzeitig in den Unterricht kommen – und das war in letzter Zeit öfters passiert, dank Katja und ihrer Clique.

Lehrer Breitenbach hatte ihr bereits eine Eintragung ins Klassenbuch angedroht.

So ein Mist!

Da hinten sah sie Magdalena – eine von Katjas Clique, wenn die sie nun sieht, dann war´s das.

Maja ging ganz langsam, immer hinter die Büsche gebückt, den Weg zurück bis zur Abbiegung über den Feldweg.

Sie musste so zwar einen großen Bogen laufen und würde es

nur mit Mühe schaffen, rechtzeitig in die Schule zu kommen, aber so würde sie hoffentlich der Clique nicht begegnen.

Maja rannte nun so schnell sie konnte.

Und als sie am Nebeneingang der Schule ankam, war sie ganz außer Atem.

Dort traf sie auf Michael aus ihrer Parallelklasse, der sie ganz erstaunt ansah: „Wie siehst du denn aus, bist du dem Gespenst persönlich begegnet?"

„Wieso?" fragte Maja

„Du zitterst am ganzen Körper, bist verschwitzt und ganz weiß im Gesicht, was ist passiert?" fragte Michael.

„Ach nichts, ich hab mich nur heute verschlafen und musste mich deshalb beeilen!" antwortete Maja.

Schnell ging sie mit Michael zusammen in die Klasse und setzte sich auf ihren Platz.

Montagmorgen erste Schulstunde

Die erste Stunde war bei Frau Merten, ihrer Kunstlehrerin.

Da sie heute eine Collage zur Werbung über das bevorstehende Schulfest erstellen sollten und in Gruppen eingeteilt waren, war Maja heil froh, dass sie nun nicht mit Katja und ihrer Clique zusammentreffen musste.

Allerdings bemerkte sie wohl die bohrenden und drohenden Blicke in ihrem Rücken und es fiel ihr sehr schwer, sich auf ihre Aufgabe zu konzentrieren.

Nachdem die Hälfte der Doppelstunde um war, plagten sie schon wieder die Gedanken, wie sie Katja und der Clique in der Pause aus dem Weg gehen sollte.

Plötzlich stand Frau Merten vor ihr.

Maja erschrak richtig. „Keine Sorge Maja, ich habe nur eine Frage an dich. Du hast dich sehr für das Schulfest eingesetzt. Ich suche 3-4 Schüler, die Lust haben in dieser Woche die Dekoration für das Schulfest mitzugestalten. Allerdings kann das nur in den Pausen geschehen und wenn deine Eltern einverstanden sind mit einer zusätzlichen Stunde Dienstag und Donnerstag nach der Schule im Werkraum. Hast du Lust dabei mitzumachen?"

Majas Gedanken überschlugen sich förmlich, das war die Lösung. Sie würde in den Pausen Katja und ihrer Clique nicht begegnen und Dienstag und Donnerstag auch nicht gleichzeitig mit ihnen Schulschluss haben. Da musste ihr nur noch für heute, Mittwoch und Freitag eine Lösung einfallen.

„Ja, sehr gerne bin ich dabei!" rief Maja und ihr fiel wirklich ein Stein vom Herzen.

„Ok", sagte Frau Merten, dann nimm diesem Zettel bitte mit für deine Eltern und bringe ihn unterschrieben wieder mit, damit das mit den Zusatzstunden in Ordnung geht."

Maja war echt froh, wenngleich die düsteren Mienen von Katja und ihrer Clique, welche das Gespräch mitbekommen hatten, nichts Gutes ahnen ließen.

Silke, auch ein Mitglied dieser Clique, sprang grade auf, um auf die Toilette zu gehen.

Im Vorbeigehen zischte sie ihr zu „… das nutzt dir gar nicht. Wir kriegen dich noch, versprochen!"

Kurz vor Beginn der Pause sagte Maja Frau Merten, sie müsse noch zur Toilette und würde dann direkt in den

Werkraum kommen.

Sie rannte schnell zu ihrem Schulspind und holte ihr Handy heraus, schaltete es ein und rief ihre Mutter an.

„Hallo Mama, kannst du mich bitte heute ausnahmsweise von der Schule abholen? Bitte, es gibt etwas sehr Wichtiges, was ich mit dir besprechen muss, und ich würde gerne pünktlich mit dir zusammen zu Mittag essen ehe du wieder ins Geschäft musst!" „Ok Maja, wenn es dir so wichtig ist, ich stehe dann um halb eins mit dem Auto am Schultor!" „Danke Mama, bis gleich!".

So, das wäre geschafft, für heute war sie gerettet!

Die ständige Bedrohung….

Maja´s Mama hatte einen kleinen Blumenladen mitten in der Stadt.

So kam es oft vor, dass Maja mittags allein aß, da ihre Mutter dann bereits wieder im Laden stehen musste, wenn sie aus der Schule kam. Oder sie sahen sich nur noch so grade, ehe Mutter wieder ins Geschäft musste.

Der kleine Laden ihrer Mutter war auch das Problem.

Katja und ihre Clique hatten Maja gedroht, den Laden ihrer Mutter auseinander zu nehmen, Stinkbomben zu schmeißen, die Wände zu verschmieren, wenn sie nicht tun würde was sie ihr sagten.

Maja hatte eine wahnsinnige Angst, dass die Clique und Katja ihrer Mutter etwas antun würden.

Aber, dass sie nun ausgerechnet ihren I-Pod haben wollten, den sie von Mama zum Geburtstag bekommen hatte!

Na ja diese Woche würde sie es irgendwie schon hinbekommen, dass die Clique sie in Ruhe lies.

Am nächsten Tag in der Schule beeilte sich Maja Frau Merten den von ihrer Mutter unterschriebenen Zettel zu geben, damit sie an den Extrastunden heute und Donnerstag teilnehmen konnte.

An diesem Dienstag lief auch alles wie geplant – nur die bohrenden Blicke im Rücken bereiteten ihr Unbehagen und brachten Maja etwas aus dem Gleichgewicht.

Der Schock am Mittwochmorgen…

Als sie am Mittwochmorgen ihre Sachen in ihren Schulspind einschließen wollte, fiel ihr direkt ein Zettel entgegen, auf dem stand:

"Wenn du heute den I-Pod nicht dabei hast, machen wir dich fertig- denke dran heute bist du reif!"

Maja spürte direkt , wie ihre Knie vor lauter Angst anfingen zu zittern.

Sie bemerkt in ihrer Angst gar nicht, dass Michael sie angesprochen hatte. Erst als er sie am Arm anfasste und leicht rüttelte, nahm sie ihn wahr.

„Hey Maja, was ist mit dir, du siehst aus, als wenn du gleich umkippst!", sagte Michael.

„Ich, ich …"stotterte sie, ..ich…"

„So, das geht gar nicht, du kommst jetzt erst mal mit!" sagte Michael und zog sie hinter sich her, gradewegs bis zum Sekretariat.

Da war eine längere Schlange und die beiden setzten sich auf die Wartebank.

Maja war inzwischen in Tränen ausgebrochen. Michael klopfte

bei Maja mit zwei Fingern unterhalb des Halses.

Es dauerte ein Weile bis Maja sich ein wenig beruhigt hatte und Michael ganz erstaunt fragte:" Was klopfst du denn da?"

Michael meinte: „Das ist MET- Meridian Energie Technik – diese Technik hilft sehr gut, wenn man zum Beispiel in so einer Lage ist wie du eben und auch bei vielen anderen Dingen.

Aber das ist eine längere Geschichte, die ich dir gerne mal erzählen kann, wenn du magst."

Nun waren sie beide an der Reihe.

Frau Dorn, die Sekretärin, fragte: „So ihr Zwei, was kann ich für euch tun?"

Michael antwortete: „Der Maja ist eben ganz schlecht geworden, weiß wie die Wand sah sie aus. Da habe ich sie schnell hierher gebracht!"

„Mmh, du siehst wirklich noch etwas käsig aus, meine Liebe. Ist dir auch schwindelig dabei?"

„Ein bisschen!" sagte Maja.

„Ich glaube, es ist besser, wenn du nach Hause gehst und dich hinlegst. Kann dich deine Mutter hier abholen?" fragte Frau Dorn.

„Nein, das geht nicht, meine Mutter ist in unserem Blumenladen.", antwortete Maja.

„Ich könnte Maja doch nach Hause begleiten, wenn Sie für

mich in der Klasse Bescheid sagen." , meinte Michael.

„Das ist lieb von dir Michael, aber das geht so leider nicht. Du kannst dich erst einmal hier hinsetzen Maja und wenn gleich der erste Ansturm vorbei ist, bringe ich dich nach Hause, nachdem wir deine Mutter telefonisch informiert haben" sagte Frau Dorn.

„Und du Michael gehst nun in deine Klasse."„Ok – Maja soll ich dich heute Nachmittag besuchen kommen? – Dann kann ich dir direkt sagen, was du für Hausaufgaben hast und dir erzählen, was du eben noch wissen wolltest."

Und Michael zwinkerte ihr ein Auge zu.

„Ja, Michael, das wäre toll – dann bis heute Nachmittag." sagte Maja.

Michael´s Besuch am Nachmittag...

Am Nachmittag kam dann tatsächlich Michael vorbei.

Maja´s Mutter war noch nicht lange wieder im Blumenladen, der um 15 Uhr am Nachmittag wieder auf machte.

Maja hatte heute Mittag Mühe gehab,t Mama die Sorgen auszureden.

Es war ihr echt schwer gefallen, Mama nichts zu erzählen und wieder einmal neue Ausreden zu erfinden, um ihre Mutter zu beruhigen.

Mama hatte aber darauf bestanden, mit ihr zum Arzt zu gehen, wenn es ihr morgen nicht wesentlich besser ging.

Sie war dann mit der Bemerkung <du gefällst mir in letzter Zeit gar nicht > wieder in den Laden gegangen.

Michael strahlte sie verschmitzt an und fragte: „Na, geht´s dir besser?"

Maja versuchte ein leichtes Lächeln:"Ja danke geht schon wieder."

„Du warst bestimmt erstaunt, als ich bei dir heute Morgen geklopft habe?" – Maja nickte.

„Weißt du, das ist eine ganz alte Technik, die bereits vor tausenden von Jahren von den alten Chinesen angewandt wurde und inzwischen von Dr. Callahan aus Amerika sozusagen wiederentdeckt und modernisiert wurde.

Ich habe sie selbst vor ein paar Jahren kennen gelernt, nach der Trennung meiner Eltern, als ich mit meiner Mutter hierher gezogen bin. Die Technik hat mir sehr geholfen mich hier zu recht zu finden."

Und Michael erzählte ihr, wie er im Wald, als er weglaufen wollte, dem Puppenspieler Marek mit seiner Handpuppe Rabe Ratzka dem Weisen begegnet war und wie Marek ihm mit seinem „Raben" diese Technik gezeigt hatte.

Er hatte dann gelernt, diese Technik für sich selber anzuwenden. Egal ob es um seine Traurigkeit, weil er seinen Vater so selten sehen konnte ging, oder eben darum, dass er sich hier in dieser Kleinstadt so allein fühlte und niemanden zum Freund hatte.

„Weißt du Maja, ich habe nach und nach MET für alle Dinge angewendet, die mir sozusagen das Leben schwer gemacht haben.

Wenn ich wütend war - habe ich geklopft!

Wenn ich Angst hatte, eine Klassenarbeit zu versemmeln – habe ich geklopft!

Wenn ich sauer war auf meine Mutter wegen irgend eines Verbotes – habe ich geklopft!

Diese Technik hat mich immer wieder dazu gebracht, bei mir selber anzukommen und mich in meine Ruhe und Gelassenheit gebracht.“

„Und das funktioniert bei allen Dingen?

Woher weißt du denn was du z. B. bei Angst und wo du z. B. bei Wut klopfen musst?“ fragte Maja.

„Ach, das ist eigentlich ganz einfach Maja, man klopft immer nur die gleichen Punkte, pass auf ich zeige dir mal, wie das geht.“

„Also hier über dem Herzen auf der linken Körperseite liegt der neuolymphatische Punkt, sagt auch der heilende Punkt, der auch deshalb mit HP gekennzeichnet wurde.

Wenn du diesen Punkt im Uhrzeigersinn, also mit der flachen Hand rechts herum reibst, kommt meist schon ziemlich viel in Bewegung.

Diesen Punkt verwendet man meistens, wenn man sich über eine bestimmte Situation klar werden will, oder Wahl- und Vergebungssätze anwenden will – aber dazu später etwas.

Reibe mal diesen Punkt.

Der Satz beginnt mit < Obwohl ich dieses oder jenes Problem habe, liebe und akzeptiere ich mich so wie ich bin>, das wieder holt man dann 2 - 3 mal.

Der zweite Satz lautet dann: <Obwohl ich es nicht verdient habe ohne mein Problem zu sein, liebe und akzeptiere ich mich so wie ich bin>".

„Moment mal – warum, soll ich es nicht verdient haben z.B. ohne meine Angst zu sein? Das verstehe ich nicht!" meinte Maja.

„Ha ha, ich glaube, diese Frage stellt Jeder." meinte Michael.

„Die Erklärung ist eigentlich ganz einfach, dieser Satz ist im Prinzip für deinen inneren Schweinehund bestimmt.

Dir ist es sicherlich auch schon passiert, dass du gedacht hast, ich habe absolut keine Lust, dieses oder jenes zutun, obwohl du wusstest, dass es gut für dich wäre, es trotzdem zu tun.

Der Satz bedeutet nun nicht, dass du es nicht verdient hast ohne Angst zu sein – um bei deinem Beispiel zu bleiben, sondern er sagt:

Stell deinen inneren Schweinehund zufrieden, der vielleicht in deinem Inneren protestiert.

Sage ihm: <ich tu es einfach, obwohl ich es vielleicht nicht verdient habe könnte.> Er ist praktisch so etwas wie ein Hundeknochen."

„Ok, das kann ich verstehen, „sagte Maja

„Magst du es mal ausprobieren?" fragte Michael

„Ja, sehr gern was muss ich tun?" fragte Maja

„Gibt es etwas wovor du Angst hast oder worüber du ärgerlich bist?" fragte Michael.

Maja merkte sofort wieder ihre Angst vor Katja und ihrer Clique.

Michael konnte ihr direkt ansehen, wie angstvoll ihr Blick wurde.

„Ups, voll ins Schwarze getroffen, na dann leg mal los, würde ich sagen", meinte Michael.

„ Ich weiß nicht, wenn ich es dir jetzt erzähle….dann, dann…." und Maja biss sich verzweifelt auf ihre Lippe.

„Hör zu", meinte Michael „ du brauchst mir die Details nicht zu erzählen, wenn du nicht magst – davon abgesehen, ich kann auch schweigen wie ein Grab, kein Problem.

Denke einfach an deine größte Angst zu der Situation und nimm das mit in den Satz für den heilenden Punkt.

Obwohl ich so eine große Angst vor mmmmmm habe, liebe und akzeptiere ich mich so wie ich bin….fang einfach an."

Maja legte also los……<Obwohl ich so eine Angst vor mmmmmmmmm…habe, liebe und akzeptiere ich mich so wie ich bin…………Obwohl ich es nicht verdient habe, ohne diese Angst vor mmmmmmm…………zu sein…….liebe und akzeptiere ich mich so wie ich bin….

„Wie hoch ist deine Angst auf einer Scala von 0 bis 10, wenn zehn 100 % bedeutet?" fragte Michael.

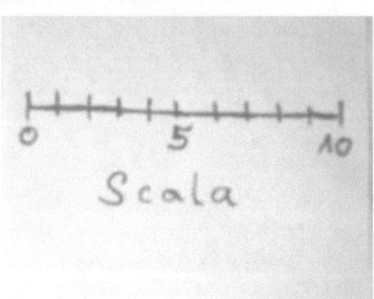

„10 definitiv!" meinte Maja.

„Dann nimm nun deinen Klopfsatz <meine Angst vor mmmmmmmmmm........> und fang an.!" sagt Michael,

Maja klopfte nun ihre Angst in alle Punkte <meine Angst vor Katja und ihrer Clique.....meine Angst vor Katja und ihrer Clique.....>

Als sie beim Punkt 6 beim Schlüsselbeinpunkt wieder angekommen war, meinte sie:"

Ich glaube ich habe panische Angst, dass die meiner Mutter etwas antun!"

Michael bekam ganz große Augen und fragte:" Wer?!"

„Oh, nein, jetzt habe ich es doch gesagt, Mist, oh nein!!!! Ok Michael; aber du darfst keinem was sagen, wenn ich es dir sage!"

„Keine Angst, wenn was gesagt werden soll, dann musst du das selbst tun, ich sage nichts," meinte Michael.

Da erzählte Maja Michael die ganze Geschichte, von Katja und ihrer Clique. Dass sie ihr gedroht haben, sie fertig zu machen und den Laden ihrer Mutter zu verwüsten.

Sie sagte ihm auch, dass sie der Clique schon mehrfach Geld gegeben hätte von ihrem Taschengeld und dass sie ihr schon die neue Jacke und so einige andere Gegenstände weggenommen hatten.

„Weißt du Michael, ich habe fast keine Ruhe mehr.

Meiner Mutter muss ich immer wieder wer weiß was für Lügemärchen erzählen, wo die Sachen geblieben sind und ich habe deswegen auch hier zu Hause schon echt Ärger. Und es macht mich echt traurig, dass Mama mir nicht mehr vertraut." sagte Maja.

„Komm klopf das mal direkt!" meinte Michael. Maja fing an:"Meine Traurigkeit, weil Mama mir nicht mehr vertraut… !"

Und es war, als ob nun eine Blockade bei Maja gebrochen war, sie klopft mit Michael zusammen ein Gefühl nach dem nächsten hintereinander weg:

- Mein Schmerz, dass ich Mama anlügen muss
- Ich schäme mich so
- Mein Angst um meine Mutter und den Laden
- Mein Glaube, dass ich gar nichts dagegen machen kann
- Meine Verzweiflung über die Situation
- Mein Ohnmachtsgefühl
- Meine Panik, wenn ich an morgen denke
- Meine Angst vor der Clique
- Meine Panik, allein dazu stehen
- Meine Wut über Katja und ihre Clique
- Mein Hass auf Katja
- Meine ohnmächtige Wut
- Meine Wut auf mich selbst, dass ich nicht bereits was unternommen habe
- Mein Ärger über mich selbst
- Mein Zorn
- ......usw......

„Weißt du was Maja," sagte Michael, „lass und nun eine Wahlsatz nehmen. Wie wäre es damit:

<Obwohl ich mich von Katja und ihrer Clique so habe in die Angst treiben lassen, liebe und akzeptiere ich mich so wie ich bin und wähle ab sofort zu wissen, dass sie keine Macht mehr über mich haben, weil ich meine Mutter und die Schulleitung informieren kann.>

„Ja, der ist gut!" meinte Maja. „Ok", meinte Michael, "Du sprichst diesen Satz nun 2 x während du den heilenden Punkt reibst und dann klopfst du den Wahlsatz in jeden Klopfpunkt:
 <ich wähle ab sofort zu wissen, dass sie keine Macht mehr über mich haben, weil ich meine Mutter und die Schulleitung informieren kann>"

Maja legte sofort los……<ich wähle ab sofort zu wissen, dass sie keine Macht mehr über mich haben, weil ich meine Mutter und die Schulleitung informieren kann……..ich wähle ab sofort zu wissen…….>

„Hey Michael, ich fühle mich jetzt echt gut! Klasse! Ich werde meiner Mutter heute Abend alles beichten.

Vielleicht kann Mutter unsere Nachbarin Frau Lehmann anrufen, als Vertretung für den Blumenladen, damit Mutter mit mir zur Schule gehen und mit unserem Rektor sprechen kann.

Weißt du was Michael, ich habe jetzt gar keine Angst mehr. Meinst du, das hält auch morgen noch so an?"

„Ja, ganz bestimmt. Alle Gefühle und Glaubenssätze, die du bezüglich der jeweiligen Situation auf <0> klopfst, sind weg und bleiben weg.

Und wenn doch noch mal ein komisches Gefühl hochkommt, dann klopfst du eben!", meinte Michael.

„Da fällt mir ein, der Patrick aus der 3b den habe ich letztens auch bei Katja und ihrer Clique stehen sehen – ist mir glaube ich schon öfter aufgefallen.

Der ist seit einiger Zeit auch irgendwie komisch. Zumindest hat das Marcel, der Bruder von Max erzählt, der geht nämlich auch in die 3b. Sollte mich nicht wundern, wenn diese Katja da auch was damit zu tun hat.

Ich werde mal den Max darauf ansetzen. Ich muss dann auch los. Also bis morgen – tschüss.“

„Tschüss,“ wünschte auch Maja,“ und danke nochmals für deine tolle Hilfe!“

Maja´s Beichte…

Als Maja´s Mutter dann die ganze Geschichte von Maja am Abend erzählt bekam, was sie sichtlich betroffen und entsetzt darüber, was dort in der Schule passiert war.

Zugleich war sie aber auch sehr froh, dass Maja ihr alles erzählt hatte, denn sie hatte sich schon sehr große Sorgen um Maja gemacht.

Frau Lehmann sagte auch sofort zu, morgen in den Blumenladen zu gehen, damit Majas Mutter die Sache in der Schule klären konnte.

Rektor Heims staunte nicht schlecht, als am anderen Morgen nicht nur Maja mit ihrer Mutter, sondern auch Patrick mit seinem Vater vor der Tür warteten.

Michael hatte gestern am   Nachmittag noch zu Max und Marcel besucht. Gemeinsam gingen sie dann zu Patrick. Es stellte sich heraus, dass Michael tatsächlich Recht hatte. Auch Patrick war Opfer der Clique um Katja geworden.

Patrick erzählte ihnen, dass Katja und ihre Clique ihn bei seinen Klassenkameraden lächerlich gemacht hatten, weil er keine Markenklamotten trug.

Sie hatten ihn schon eine ganze Weile immer wieder aufgezogen und über ihn hergezogen, so dass es viele Klassenkameraden in seiner Klasse mitbekamen und es Katja und der Clique nachmachten.

Er hatte versucht, mit Katja und der Clique zu sprechen, damit sie damit aufhörten. Sie hatten ihm daraufhin gesagt, das dieses aber was kosten würde. Da er selbst kein Taschengeld bekam, hatte er das Geld dann bei seinen Eltern gestohlen, um es der Clique geben zu können.

Rektor Heims war entsetzt, als er erfuhr, was da hinter seinem Rücken alles passiert war.

Er versprach, sofort Abhilfe zu schaffen.

Zunächst rief er Frau Dorn herein und sagte ihr, sie solle Katja und alle Mädchen aus der Clique sofort zu ihm bringen.

Er sagte:„Ich werde das hier sofort mit Katja, ihrer Clique und euren und euren Eltern klären.

Wir werden hier mit aller Schärfe vorgehen und die Polizei hinzuziehen, denn so etwas dulde ich an meiner Schule nicht!"

Tja, und wenn man sich Hilfe holt und sich wehrt, dann siegt zumeist die Gerechtigkeit. Katja und ihre Clique bekamen eine Anzeige und mussten Sozialstunden für ihre Vergehen ableisten.

Als der Rektor erfuhr, dass Maja durch das Klopfen ihre Angst überwunden hatte und dass man mit Klopfen noch so viel mehr erreichen kann, beschloss er, dass das Klopfen ein fester Bestandteil an seiner Schule sein sollte.

Er schickte einige Lehrer seines Lehrerkollegiums auf eine Fortbildung, damit sie das Klopfen erlernen konnten.

Heute findet an dieser Schule regelmäßig die „Klopf AG" statt.

Alle Kinder, die Ängste, Ärger, Schuldgefühle, Trauer und Traurigkeit, usw… haben, können nun das Klopfen erlernen und sich selbst wieder von diesen Gefühlen befreien.

Auch Ängste, wie Prüfungsangst, gehören auf dieser Schule der Vergangenheit an, denn auch das kann man klopfen.

Und wenn ein Schüler glaubt, er wäre z.B. nicht wirklich gut in Mathematik – kein Problem, denn er kann diesen Gedanken, seinen Glaubenssatz, einfach wegklopfen.

Unsere Gedanken sind der Motor für die Dinge, die uns passieren.

Wenn du nun glaubst, du kannst etwas nicht, dann ist das wie eine Voraussage und wenn du daran fest hälst, trifft das auch ein.

Was hier hilft?

Frage dich, in welchem Fach bin ich gut, was liebe ich zu tun?

– Nehmen wir an es ist Deutsch.

In welchem Fach bin ich nicht so gut, was verstehe ich nicht und fällt mir schwer?

– Nehmen wir an es ist Mathematik.

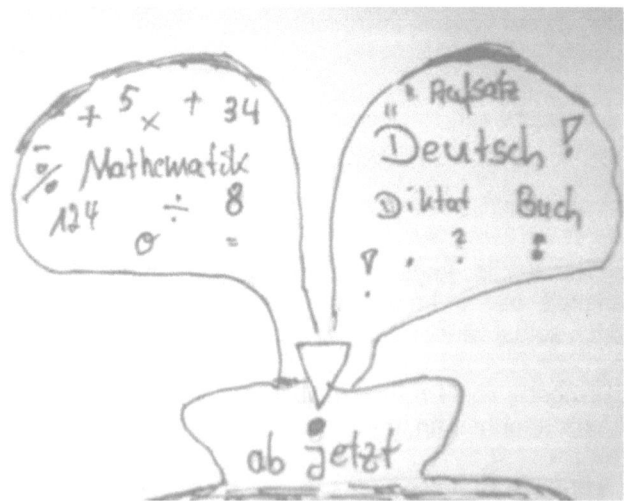

Klopf es einfach weg mit z.B.

- mein Zweifel, dass ich Mathe jemals verstehen werden…..,
- meine Angst vor der nächsten Mathematikarbeit
- meine Unsicherheit darüber, wie die Aufgabe zu rechnen ist…usw…

Danach reibst du den Satz in den heilenden Punkt:

<Obwohl ich in Mathematik so schlecht bin, liebe und akzeptiere ich mich so wie ich bin und wähle ab sofort in Mathematik genauso gut zu sein, wie in Deutsch.>

Dein Wahlsatz heißt dann < ich wähle ab sofort in Mathematik genauso gut zu sein, wie in Deutsch.>

Klopf ihn in jeden Punkt.

Du wirst sehen, wie sich auch bei dir die Dinge zu verändern beginnen.

Und wenn du Fragen hast, dann schau auf der Seite www.klopfedichfrei-dubistdabei.de einfach nach und nimm Kontakt auf, damit du dich von den tiefen unguten Emotionen und Glaubenssätzen schnell und dauerhaft befreien kannst.

Lieben Gruß und viel Erfolg wünscht Dir

Sabine Krusel

MET-Würfelspiel für Kids.....

mit einem ganz normalen Würfeln mit 1-6 Augen

Bevor du anfängst zu würfeln, hier noch 2-3 wichtige Dinge für den **Umgang mit MET**.

Thymusdrüse:

Grundsätzlich soll jedes Kind und jeder Erwachsene jeden Tag die Thymusdrüse (TD) klopfen.
Die Thymusdrüse ist sowas wie ein Hauptverkehrs-knotenpunkt unseres Körpersystems.

Das Beklopfen der Thymusdrüse stärkt uns und gibt uns Lebensenergie.

Denke nur an Tarzan oder die Affen im Zoo, auch sie beklopfen ihre Thymusdrüse, um Kraft und Stärke zu bekommen.

Klopfe die Thymusdrüse leicht mit der Faust –

Achtung - **bitte klopfen und nicht hauen** –

oder mit 2-3 Fingern und sage dabei Sätze wie:

- Ich bin Max (setze hier bitte deinen Namen ein) und ich bin ein toller Junge
- Ich bin Marie(setze hier bitte deinen Namen ein) und ich bin eine tolles Mädchen
- Ich bin Tom(setze hier bitte deinen Namen ein) und ich bin ein krasser, oder geiler Typ
- Ich bin Tina (setze hier bitte deinen Namen ein) und ich weiß, dass ich heute einen ganz tollen Tag haben werde
- Ich bin Mike (setze hier bitte deinen Namen ein) und ich schreibe heute bestimmt eine tolle Mathematikarbeit
- usw. ....

Lass deiner Phantasie freien Lauf – wichtig, der Satz muss **immer gut und positiv sein**.
Klopfe jeden Satz, den du dir ausgesucht hast, so ca. 10-15 x in die Thymusdrüse.

Atemgleichgewichtsübung:

Setze dich auf einen Stuhl.
Lege das linke Bein über das rechte Bein und den rechten Arm über den linken Arm.
Halte die Handinnenflächen zueinander und verschränke die Finger ineinander.
Ziehe dann die gefalteten Hände nach innen zu deiner Brust.
Atme nun tiefe ein und aus.
Beim Einatmen drücke die Zunge an den Gaumen und beim Ausatmen denke das Wort Gleichgewicht.
Atmen auf diese Weise so zirka 10-15 x ein und aus.
Du wirst merken, dass du viel mehr in deine Ruhe und Gelassenheit kommst.

MET- Meridian Energie Technik:

Wir klopfen bei MET vorwiegend die **ersten 6 Punkte**, leicht mit den Fingerspitzen (Siehe auch die Abbildungen im Buch).

Wenn du zu klopfen beginnst, so klopfe zuerst den Punkt Nr. 6 - diesen auf beiden Seiten.
Du hast rechts und links oberhalb der Thymusdrüse einen Knochen – das Schlüsselbein.
Direkt fingerbreit unterhalb des Schlüsselbeins ist der Punkt Nr. 6 – der Nierenpunkt (Nierenpunkt deshalb, weil dort der Nierenmeridian entlang läuft).

Konzentriere dich auf deinen Satz oder dein Gefühl und klopfe so lange diesen Punkt, bis der Satz so nicht mehr stimmt, oder das Gefühl nicht mehr spürbar ist.

Keine Angst, das geht zumeist sehr schnell.

Überprüfe dann ob ein anderes Gefühl da ist und klopfe es auf die gleiche Weise.

Zwischendurch - je nach deinem Empfinden - klopfe den Satz oder das Gefühl auch in Punkt Nr. 1 bis Punkt Nr. 6.

Als Hilfe kannst du für dich gleich zu Beginn festlegen, wie stimmig der Satz oder das Gefühl auf eine Skala von 0-10 Punkten ist.

Ist das Gefühl oder der Satz bei „10", so ist eine 100%ige Stimmigkeit vorhanden. „0" wäre dann keine Stimmigkeit.

So nun kann´s losgeh´n. Hole deinen Würfel hervor, lies die Spielbeschreibung und leg los.

Wenn du das Gefühl hast mit dem Klopfen nicht weiter zu kommen oder nicht zurechtzukommen, so kannst du mir eine E-Mail schreiben kru1909@hotmail.com oder mich anrufen 0201-679471.

Ich helfe Dir gerne mit Tipps weiter oder du sprichst mit deinen Eltern und wir vereinbaren einen Termin bei mir.

Viel Spass und lieben Gruß

wünscht dir

Sabine Krusel

Das MET Würfelspiel für Kids –
Meine Lebensbereiche – Meine Gefühle

Spielanleitung:

Nimm einen ganz normale Würfel mit 1-6 Augen.

Meine Lebensbereiche:
Konzentriere dich auf das, was jetzt wohl grade bei dir dran ist und würfele.

Beispiel:** **Du würfelst eine 6, dann ist der Lebensbereich „Ich selbst" heute für dich dran.

Lies dir die Sätze zu diesem Bereich durch und beklopfe jeden Satz der auch für dich stimmig ist.

Es kann sein, dass die Sätze nicht ganz genau zu dir passen – dann ändere den Satz einfach so um, dass er zu deinem Satz wird und du beklopfe ihn.

Meine Gefühle:
Konzentriere dich nun auf deine Gefühle und würfele.

Beispiel:** **Du würfest eine 2, dann gibt es für dich im Moment eine Trauer oder** Traurigkeit, *welche mit Dingen die du machst oder gemacht hast zusammen stehen.

Lies dir die Sätze zu diesem Gefühlsbereich durch und beklopfe jeden Satz der auch für dich stimmig ist.

Es kann sein, dass die Sätze nicht ganz genau zu dir passen – dann ändere den Satz einfach so um, dass er zu deinem Satz wird und du beklopfe ihn.

Meine Lebensbereiche

1 – Lebensbereich: Schule und Lehrer

- Meine Glaube, dass mich mein Lehrer/Lehrerin nicht mag.
- Mein Glaube, dass ich bei dem Lehrer nie eine gute Zensur bekomme.
- Mein Glaube, dass ich in dieser Klasse immer nur ein Außenseiter bin und bleibe.
- Mein Glaube, dass meine Schulkollegen mich hassen.
- Mein Glaube, dass ich in dieser Klasse in Gefahr bin verprügelt und verspottet zu werden.
- Mein Glaube, dass ich mich ganz unauffällig verhalten muss, um nicht Zielscheibe für meine Schulkollegen zu werden.
- Mein Glaube, dass ich bei meinen Schulkollegen mitmachen muss, sonst bin ich der Buhmann.
- Mein Glaube, dass ich die Klassenarbeit in Mathe (Englisch, Deutsch...) niemals schaffen kann.
- Mein Glaube, dass ich machen kann was ich will, aber diese Lehrer werden mich immer abwerten.
- Mein Glaube, dass Schule überflüssig ist.
- Mein Glaube, dass die Schule und Mitschüler mein Leben bedrohen.
- Mein Glaube, dass ich in der Schule eh nicht lernen kann worauf es im Leben ankommt.
- Mein Glaube, dass meine Schulkollegen mich mobben.
- Mein Glaube, dass meine Lehrer mich mobben.
- Mein Glaube, dass ich wahrscheinlich wirklich ein Loser bin.
- Mein Glaube, dass ich die Prüfung niemals schaffen kann.
- Mein Glaube,, dass usw.

2 - Lebensbereich: Meine Mutter und mein Vater

- Mein Glaube, dass meine Mutter mich nicht gewollt hat.
- Mein Glaube, dass mein Vater über mich enttäuscht ist.
- Mein Glaube, dass ich machen kann was ich will, meinen Eltern bin ich nicht wichtig.
- Mein Glaube, dass meine Eltern mich überhaupt nicht verstehen.
- Mein Glaube, dass ich nicht so bin wie meine Eltern mich haben wollen.
- Mein Glaube, dass ich für meine Eltern eine Enttäuschung bin.
- Mein Glaube, dass meinen Eltern egal ist was ich mache.
- Mein Glaube, dass mein Vater lieber einen Sohn gehabt hätte.
- Mein Glaube, dass meine Mutter mir die Schuld gibt für ihre verpasste Karriere.
- Mein Glaube, dass meine Eltern nur zusammen sind wegen mir.
- Mein Glaube, dass meine Mutter meinen Bruder lieber hat als mich.
- Mein Glaube, dass mein Vater unsere Familie hasst.
- Mein Glaube, dass ich gar nicht in diese Familie gehöre.
- Mein Glaube, dass ich in dieser Familie gar keinen Platz habe.
- Mein Glaube, dass meine Eltern mich nie achten werden.
- Mein Glaube, dass meine Eltern mich nicht lieben.
- Mein Glaube, dass usw.

3 – Lebensbereich: Freunde und Bekannte

- Mein Glaube, dass mein Freund neidisch auf mich ist.
- Mein Glaube, dass ich machen muss was meine Freunde sagen, sonst werde ich sie verlieren.
- Mein Glaube, dass mein Freund mich nur ausnutzt.
- Mein Glaube, dass meine Freunde mich eigentlich nicht mögen.
- Mein Glaube, dass ich nur mit Markenprodukten gemocht werde.
- Mein Glaube, dass mich …XY….immer wieder auflaufen lässt.
- Mein Glaube, dass mich …XY…mit seiner Art immer wieder einengt.
- Mein Glaube, dass…XY…..schlecht über mich redet.
- Mein Glaube, dass …XY…mich belogen hat.
- Mein Glaube, dass…XY…..lieber mit den Leuten aus der Clique zusammen ist, als mit mir.
- Mein Glaube, dass …XY…..die neue Schulkollegin mir vorzieht.
- Mein Glaube, dass ich nicht mehr …XY…..beste Freundin bin.
- Mein Glaube, dass die Clique mich blöd findet.
- Mein Glaube, dass ich mir meine Freundschaften nur erkaufen kann.
- Mein Glaube, dass es wahre Freunde gar nicht gibt.
- Mein Glaube, dass mein bester Freund Angst vor mir hat.
- Mein Glaube, dass usw.

4 – Lebensbereich: Bruder, Schwester, Cousin/Cousine

- Mein Glaube, dass mein Bruder mich immer gehasst hat.
- Mein Glaube, dass meine Schwester auf mich neidisch ist.
- Mein Glaube, dass meine Geschwister mich für blöd halten.
- Mein Glaube, dass mein Cousin was Besseres ist als ich.
- Mein Glaube, dass meine Cousine von meiner Oma vorgezogen wird.
- Mein Glaube, dass mein Bruder immer alles bekommt und ich nichts.
- Mein Glaube, dass meine Meinung bei meinen Geschwistern nichts zählt.
- Mein Glaube, dass ich mich nicht gegen meine Schwester durchsetzen kann.
- Mein Glaube, dass mein Cousin schlecht über mich redet.
- Mein Glaube, dass mein Bruder mich verpetzt hat.
- Mein Glaube, dass ich meiner großen Schwester lästig bin.
- Mein Glaube, dass mich mein Bruder immer versucht auszunutzen.
- Mein Glaube, dass meine Cousine, meine Schwester gegen mich aufhetzt.
- Mein Glaube, dass sich meine großen Geschwister immer gegen mich verbünden.
- Mein Glaube, dass meine Halbschwester sauer auf mich ist, wenn ich meinen Vater besuche.
- Mein Glaube, dass meine Halbgeschwister mir die Schuld geben, an dem verpatzten Wochenende, wenn ich meinen Vater besuche.
- Mein Glaube, dass etc.

5 – Lebensbereich: Meine Sport- und Freizeitgruppen

- Mein Glaube, dass mich meine Sportkollegen nur gut finden, wenn ich gute Leistungen bringe
- Mein Glaube, dass der Trainer immer den …XY…..vorzieht.
- Mein Glaube, dass mir immer alle die Schuld geben, wenn unser Team verliert.
- Mein Glaube, dass ich nicht zeigen darf was ich kann.
- Mein Glaube, dass die Anderen immer besser sind als ich.
- Mein Glaube, dass ich immer nur Mittelklasse bin.
- Mein Glaube, dass die anderen neidisch sind weil ich so gut bin.
- Mein Glaube, dass ich zu schlecht bin um eine Solo zu spielen.
- Mein Glaube, dass ich nicht besser sein darf, als mein bester Freund.
- Mein Glaube, dass ich niemals auf den ersten Platz komme, egal wie ich mich anstränge.
- Mein Glaube, dass der Trainer mich nicht mag, weil er meinen Vater auch nicht mag.
- Mein Glaube, dass ich nie so gut Fußball spielen kann wie mein Bruder.
- Mein Glaube, dass ich immer nur die Pferde reiten darf, die meine Freundin nicht will.
- Mein Glaube, dass…XY…… wieder was gegen mich aushecken.
- Mein Glaube, dass …XY……mir wieder was Falsches mitgeteilt haben, damit der Trainer auf mich sauer ist.
- Mein Glaube, dass die…XY…..und die…YZ…..hier die Lieblingsmusikschüler sind und deshalb alle guten Stücke abbekommen.
- Mein Glaube, dass usw.

6 – Lebensbereich: Ich selbst

- Mein Glaube, dass ich für nichts wirklich gut bin.
- Mein Glaube, dass ich nichts wert bin.
- Mein Glaube, dass man mich immer wie den letzten Dreck behandelt.
- Mein Glaube, dass ich mich nicht durchsetzen kann.
- Mein Glaube, dass ich ein Verlierer bin.
- Mein Glaube, dass ich nicht liebenswert bin.
- Mein Glaube, dass ich besser nicht geboren wäre.
- Mein Glaube, dass ich viel zu schüchtern bin, um was verändern zu können.
- Mein Glaube, dass mir sowieso keine zuhört.
- Mein Glaube, dass ich nicht wichtig bin.
- Mein Glaube, dass mich niemand wirklich liebt.
- Mein Glaube, dass es niemanden auffallen würde, wenn ich nicht mehr da wäre.
- Mein Glaube, dass man mich nur hassen kann.
- Mein Glaube, dass ich nie etwas richtig machen kann.
- Mein Glaube, dass ich an allem Schuld bin.
- Mein Glaube, dass ich überhaupt nicht weiß wer ich bin.
- Mein Glaube, dass….

Meine Gefühle

1 – Gefühle: Kummer, Sorgen und Traurigkeit
Spüre nach was du fühlst. Ist es eher Kummer, bist du bekümmert, bist du besorgt, bist du traurig, oder empfindest du tiefe Trauer? Versuche das Gefühl möglichst genau zu benennen und vervollständige den Satz so, wie er für dich stimmig ist.

- Meine Traurigkeit über….
- Ich bin traurig, dass….
- Ich bin enttäuscht über…..
- Ich fühle mich getäuscht, durch….
- Meine Sorge über,….
- Ich habe Kummer, weil…..
- Ich habe vor Kummer Bauchweh….
- Meine Traurigkeit….
- Meine Trauer….
- Meine Enttäuschung…..
- usw.

2 – Gefühle: Ärger und Wut
Spüre nach was du fühlst. Bist du ärgerlich, bist du sauer, bist du wütend, oder bist du verärgert? Versuche das Gefühl möglichst genau zu benennen und vervollständige den Satz wie er für dich stimmig ist.

- Mein Ärger auf mich selbst, weil….
- Mein Ärger auf…..
- Mein Ärger auf diese blöde Situation….
- Ich bin sauer auf……
- Meine Wut….
- Meine Wut auf……
- Meine Wut über…..
- Ich bin total verärgert über…..
- Ich bin so sauer…..
- usw.

3 – Gefühle: Hass und Verachtung

Spüre nach was du fühlst. Bist du voller Hass, bist du blind vor Hass, bist du voller Verachtung? Versuche das Gefühl möglichst genau zu benennen und vervollständige den Satz wie er für dich stimmig ist.

- Mein Hass auf meinen Vater……
- Ich hasse meine Schwester…
- Mein Hass auf mich selbst…
- Meine Hassgefühle auf……
- Mein Selbsthass….
- Meine Verachtung…..
- Ich verachte mich selbst…..
- Ich verachte mich für….
- Mich kann man nur hassen….
- usw.

4 – Gefühle: Angst und Ängstlichkeit

Spüre nach was du fühlst. Hast du Angst, fühlst du dich ängstlich, hast du ein ungutes Gefühl oder hast du einfach Schiss? Versuche das Gefühl möglichst genau zu benennen und vervollständige den Satz wie er für dich stimmig ist.

- Ich habe Angst vor….
- Meine Prüfungsangst….
- Meine Angst zu versagen….
- Ich fühle mich ängstlich….
- Meine riesengrosse Angst…..
- Ich habe ein ungutes Gefühl….
- Ich habe Schiss…..
- Meine Angst…
- Meine panische Angst vor…
- usw.

5 – Gefühle: Verzweiflung, Frust, Resignation, Hilflosigkeit

Spüre nach was du fühlst. Bist du frustriert, bist du verzweifelt oder hast du einfach resigniert? Versuche das Gefühl möglichst genau zu benennen und vervollständige den Satz wie er für dich stimmig ist.

- Mein Frust…..
- Meine Frustration über….
- Meine Resignation….
- Ich bin so verzweifelt, dass….
- Ich weiß nicht weiter….
- Meine Ratlosigkeit…
- Meine Hilflosigkeit…
- Meine Verzweiflung….
- Meine Hoffnungslosigkeit…
- Meine Verunsicherung…
- Meine Fassungslosigkeit….
- Ich habe resigniert…..
- usw.

6 – Gefühle: Schuldgefühle und Scham

Spüre nach was du fühlst. Hast du das Gefühl schuld zu sein, ist dir etwas peinlich oder schämst du dich für etwas?
Versuche das Gefühl möglichst genau zu benennen und vervollständige den Satz wie er für dich stimmig ist.

- Ich bin an allem schuld….
- Ich habe das verschuldet….
- Mein Schuldgefühl….
- Ich bin so peinlich….
- Mir ist das so peinlich…
- Meine Peinlichkeit….
- Ich schäme mich so….
- Ich möchte mich am liebsten verkriechen…
- Ich wäre am liebsten unsichtbar…
- Mein Schamgefühl….
- usw.

Mein Name ist **Sabine Krusel.**

Ich bin HP Psychotherapie, MET Therapeutin und Trainerin, MAN-DEL Coach, ReikiMeisterin/Lehrerin, ISTAmARA Meisterin, Engelmedium und vieles mehr...

Als Autorin meiner Bücher über die Techniken energetischer Psychologie und die Gedichtbände - versuche ich die Menschen -und besonders auch die Kinder - zu erreichen und dazu anzuregen ihrem Leben eine neue Richtung zu geben.

Seit Mitte 2012 lebe und arbeite ich auf Mallorca.

Neben meinen Büchern, biete ich Einzel- und Gruppen Coachings, sowohl vor Ort (hier auf Mallorca oder auch bei Ihnen zu Haus), wie auch am Telefon in all meinen Techniken an.

Weitere Informationen finden Sie unter www.papillon-institut.de

Die Lieder-CD mit MET Liedern .....bei

www-amazon.de

Oder als MP3 bei www.feelgood-verlag.de